Spooky Tales for French Language Learners: Bilingual Halloween Stories in French and English

Coledown Bilingual Books

Published by Coledown Bilingual Books, 2023.

While every precaution has been taken in the preparation of this book, the publisher assumes no responsibility for errors or omissions, or for damages resulting from the use of the information contained herein.

SPOOKY TALES FOR FRENCH LANGUAGE LEARNERS: BILINGUAL HALLOWEEN STORIES IN FRENCH AND ENGLISH

First edition. October 25, 2023.

ISBN: 979-8215017333

Written by Coledown Bilingual Books.

Table of Contents

La Grande Aventure d'Halloween de Loulou et Lili

Il était une fois dans le petit village de Citrouilléville, deux meilleurs amis inséparables : Loulou, le petit loup, et Lili, la joyeuse citrouille. Ils attendaient avec impatience le jour le plus amusant de l'année, Halloween.

Chaque année, Loulou et Lili se préparaient pour une grande aventure d'Halloween. Ils se déguisaient, préparaient des sucreries et décoraient leur maison avec des lanternes en forme de citrouille. Cette année, ils avaient un plan spécial. Ils avaient entendu parler d'un mystérieux trésor d'Halloween caché dans la forêt hantée.

Le soir d'Halloween, Loulou s'habilla en pirate courageux, tandis que Lili se glissa dans une robe de sorcière pétillante. Ils prirent leur panier de friandises et se dirigèrent vers la forêt sombre et mystérieuse.

Ils marchèrent à travers les arbres grimaçants et les bruits étranges. Les ombres dansaient autour d'eux, mais Loulou et Lili ne reculèrent pas. Ils suivaient les indices énigmatiques laissés par les fantômes d'Halloween pour trouver le trésor légendaire.

Après une longue aventure, ils arrivèrent à une clairière enchantée. Au centre de la clairière, ils trouvèrent un vieux coffre en bois orné de symboles magiques. Avec un souffle, Lili ouvrit le coffre, et à l'intérieur, ils découvrirent des sucreries scintillantes, des jouets et une carte au trésor pour la plus grande fête d'Halloween jamais organisée.

Ils suivirent la carte et arrivèrent à une grande place où tous les habitants de Citrouilléville étaient réunis pour une fête magique. Loulou et Lili partagèrent leurs trésors avec leurs amis, dansèrent sous la lueur de la lune et mangèrent des bonbons jusqu'à ce que leurs ventres soient bien ronds.

La nuit d'Halloween fut la plus mémorable de toutes pour Loulou et Lili. Ils avaient trouvé un trésor encore plus précieux que l'or : l'amitié et la magie de cette nuit spéciale.

Ils rentrèrent chez eux en se promettant de chérir chaque Halloween à venir. Et, alors qu'ils s'endormaient, Loulou et Lili savaient qu'ils étaient les plus chanceux d'avoir trouvé leur trésor dans le monde merveilleux de Citrouilléville.

Fin

Loulou and Lili's Great Halloween Adventure

Once upon a time in the small village of Pumpkinville, there were two inseparable best friends: Loulou, the little wolf, and Lili, the cheerful pumpkin. They eagerly awaited the most fun day of the year, Halloween.

Every year, Loulou and Lili prepared for a grand Halloween adventure. They dressed up, stocked up on sweets, and decorated their house with pumpkin-shaped lanterns. This year, they had a special plan. They had heard about a mysterious Halloween treasure hidden in the haunted forest.

On Halloween evening, Loulou dressed as a brave pirate, while Lili slipped into a sparkling witch's dress. They took their candy basket and headed towards the dark and mysterious forest.

They walked through the eerie trees and strange sounds. Shadows danced around them, but Loulou and Lili didn't back down. They followed the enigmatic clues left by Halloween ghosts to find the legendary treasure.

After a long adventure, they arrived at an enchanted clearing. In the center of the clearing, they found an old wooden chest adorned with magical symbols. With a breath, Lili opened the chest, and inside, they discovered shimmering candies, toys, and a treasure map for the grandest Halloween party ever.

They followed the map and arrived at a grand square where all the residents of Pumpkinville were gathered for a magical celebration. Loulou and Lili shared their treasures with their friends, danced under the moonlight, and ate candies until their bellies were round.

Halloween night was the most memorable of all for Loulou and Lili. They had found a treasure even more precious than gold: the friendship and magic of this special night.

They returned home, promising to cherish every Halloween to come. And as they drifted off to sleep, Loulou and Lili knew they were the luckiest to have found their treasure in the wonderful world of Pumpkinville.

The End

L'Halloween Extraordinaire de Clara et Max

Il était une fois, dans une petite ville appelée Sorcièreville, une jeune sorcière du nom de Clara et son meilleur ami, Max, un chat noir. Ils étaient inséparables et attendaient avec impatience l'arrivée de la fête d'Halloween. Chaque année, cette fête était encore plus spéciale pour eux.

Le mois d'octobre était enfin arrivé, et avec lui, une brise fraîche et des feuilles d'automne qui tourbillonnaient dans l'air. Clara avait déjà commencé à préparer sa tenue d'Halloween. Elle avait un rêve depuis longtemps : elle voulait être la sorcière la plus puissante et la plus impressionnante de Sorcièreville.

Max, quant à lui, avait l'intention de devenir le chat le plus malin de tous les temps. Il avait déjà passé des heures à observer les oiseaux et à faire des plans pour attraper la plus grosse souris d'Halloween.

Mais ce n'était pas tout. Les deux amis avaient entendu parler d'une ancienne légende. Selon cette légende, en cette nuit d'Halloween, un mystérieux trésor magique serait caché quelque part dans la forêt hantée de Sorcièreville. Clara et Max étaient déterminés à le trouver, quel que soit le danger.

Le soir d'Halloween, les rues de Sorcièreville étaient décorées de citrouilles éclairées, de toiles d'araignée et de fantômes en carton.

Les enfants se préparaient à faire du porte-à-porte pour collecter des bonbons, mais Clara et Max avaient un plan différent.

Ils avaient préparé une carte vieille de plusieurs générations qui les mènerait au trésor légendaire. Armés de leur carte, de leurs balais de sorcière et de leur courage, ils s'aventurèrent dans la forêt hantée.

La forêt était sombre et mystérieuse, avec des arbres qui semblaient chuchoter et des bruits étranges qui remplissaient l'air. Les deux amis serraient fort leur carte, suivant les indices laissés par les esprits d'Halloween.

Après une longue marche, Clara et Max arrivèrent dans une clairière enchantée. Au milieu de la clairière se trouvait un énorme chaudron en cuivre, avec de la fumée s'échappant par-dessus le bord. C'était le trésor tant recherché.

Le chaudron était rempli de pièces d'or brillantes, de pierres précieuses étincelantes et de sorts magiques. Clara était émerveillée, tandis que Max fixait le trésor avec des yeux écarquillés.

Cependant, avant qu'ils ne puissent toucher le trésor, une voix retentit : "Pour débloquer le pouvoir de ce trésor, vous devez résoudre une énigme." Clara et Max se tournèrent et virent une chouette sage perchée sur une branche.

La chouette leur posa une énigme complexe, et Clara et Max se creusèrent les méninges pour trouver la réponse. Finalement, ils réussirent, et la chouette leur dit : "Vous avez prouvé votre intelligence. Le trésor est à vous."

Clara et Max repartirent avec le trésor magique, mais ils savaient qu'ils ne garderaient pas tout pour eux. Ils savaient que l'Halloween était une fête de partage, alors ils décidèrent de retourner en ville et de partager le trésor avec tous les habitants de Sorcièreville.

Lorsqu'ils arrivèrent en ville, ils organisèrent une grande fête d'Halloween. Il y avait de la musique, de la danse, des sorts magiques et un grand banquet. Tous les habitants de Sorcièreville se réjouirent et remercièrent Clara et Max pour leur générosité.

Cette nuit-là, Clara et Max réalisèrent que le véritable trésor d'Halloween était l'amitié, le partage et la magie de la communauté. Ils savaient qu'ils avaient vécu l'Halloween la plus extraordinaire de leur vie.

Alors qu'ils s'endormaient cette nuit-là, Clara et Max savaient que leur amitié était le trésor le plus précieux de tous. Ils savaient que chaque année, ils fêteraient Halloween avec autant d'enthousiasme, de joie et d'amour.

Fin.

Clara and Max's Extraordinary Halloween

———

Once upon a time, in a small town called Witchville, there lived a young witch named Clara and her best friend, Max, a black cat. They were inseparable and eagerly awaited the arrival of Halloween. Each year, this holiday was even more special for them.

October had finally arrived, bringing with it a cool breeze and swirling autumn leaves. Clara had already begun preparing her Halloween costume. She had a dream for a long time: she wanted to be the most powerful and impressive witch in Witchville.

Max, on the other hand, intended to become the cleverest cat of all time. He had spent hours observing birds and making plans to catch the biggest Halloween mouse.

But that wasn't all. The two friends had heard of an ancient legend. According to this legend, on Halloween night, a mysterious magical treasure would be hidden somewhere in Witchville's haunted forest. Clara and Max were determined to find it, no matter the danger.

On Halloween evening, the streets of Witchville were adorned with illuminated pumpkins, spiderwebs, and cardboard ghosts. Children were getting ready to go trick-or-treating for candies, but Clara and Max had a different plan.

They had prepared a generations-old map that would lead them to the legendary treasure. Armed with their map, their witch's brooms, and their courage, they ventured into the haunted forest.

The forest was dark and mysterious, with trees that seemed to whisper and strange sounds filling the air. The two friends held the map tightly, following the clues left by the Halloween spirits.

After a long walk, Clara and Max arrived in an enchanted clearing. In the middle of the clearing stood a huge copper cauldron, with smoke wafting over the rim. It was the sought-after treasure.

The cauldron was filled with shiny gold coins, sparkling gemstones, and magical spells. Clara was in awe, while Max stared at the treasure with wide eyes.

However, before they could touch the treasure, a voice echoed, "To unlock the power of this treasure, you must solve a riddle." Clara and Max turned and saw a wise owl perched on a branch.

The owl presented them with a complex riddle, and Clara and Max racked their brains to find the answer. Eventually, they succeeded, and the owl said, "You have proven your cleverness. The treasure is yours."

Clara and Max left with the magical treasure, but they knew they wouldn't keep it all for themselves. They understood that Halloween was a holiday for sharing, so they decided to return to town and share the treasure with all the residents of Witchville.

When they arrived in town, they organized a grand Halloween celebration. There was music, dancing, magical spells, and a lavish feast. All the residents of Witchville rejoiced and thanked Clara and Max for their generosity.

That night, Clara and Max realized that the true treasure of Halloween was friendship, sharing, and the magic of community. They knew they had experienced the most extraordinary Halloween of their lives.

As they drifted off to sleep that night, Clara and Max knew that their friendship was the most precious treasure of all. They knew that every year, they would celebrate Halloween with as much enthusiasm, joy, and love.

The End.

La Fête d'Halloween Mystérieuse de la Maison Hantée

Il était une fois une maison sombre et mystérieuse au bout d'une rue étroite, dans la petite ville de Châteaupeur. On l'appelait "La Maison Hantée". Les voisins racontaient des histoires effrayantes sur la maison et prétendaient qu'elle était hantée par des fantômes. Mais cette année, un groupe d'amis courageux décida d'organiser une fête d'Halloween à l'intérieur de la maison.

La Maison Hantée avait une histoire ancienne et troublante. Elle était construite il y a des siècles par un sorcier excentrique qui y avait vécu et pratiqué des sorts mystérieux. Les murs étaient recouverts de lierre grimpant, et les fenêtres étaient ornées de vitraux anciens, donnant à la maison une apparence effrayante, surtout la nuit.

Les amis qui organisaient la fête étaient composés de Léo, le maître de cérémonie, Émilie, une artiste du maquillage, Julien, le DJ de la soirée, et Zoé, qui avait une passion pour la décoration d'Halloween. Ils avaient tous hâte de transformer la Maison Hantée en une expérience inoubliable.

La fête d'Halloween était prévue depuis des mois, et ils avaient travaillé dur pour préparer la maison. Les décorations incluaient des toiles d'araignée, des citrouilles sculptées, des chauves-souris en plastique, et des bougies qui éclairaient les couloirs sombres. Émilie avait utilisé son talent pour maquiller les invités avec des visages de zombie, de sorcières et de monstres effrayants.

Julien avait préparé une liste de lecture spéciale pour la soirée, remplie de chansons d'Halloween et de musique sinistre. La musique inquiétante résonnait dans toute la maison, ajoutant à l'atmosphère mystérieuse.

La fête commença au coucher du soleil. Les invités, habillés de costumes terrifiants, arrivèrent un par un. Il y avait des vampires, des loups-garous, des momies, et même un Frankenstein. La Maison Hantée était devenue un endroit où les cauchemars prenaient vie.

Pendant la soirée, des jeux d'Halloween furent organisés, y compris une chasse aux bonbons dans le jardin arrière. Des énigmes furent disséminées dans toute la maison, et les invités durent les résoudre pour trouver des trésors cachés. Certains étaient convaincus qu'ils avaient aperçu des ombres mystérieuses se déplacer dans les coins sombres, mais personne ne savait si c'étaient de vrais fantômes ou simplement des illusions.

La nuit d'Halloween passa rapidement. La lueur des bougies, les rires et les cris des invités ajoutaient à l'ambiance magique de la fête. À minuit, Léo, en tant que maître de cérémonie, annonça un concours de costumes. Les invités défilèrent devant un jury composé de fantômes et de sorcières et prirent la pose pour montrer leurs costumes.

Le costume gagnant fut celui d'une étonnante sorcière, porté par Marie, une amie d'Émilie. Elle avait une robe noire avec un chapeau pointu et une baguette magique. Sa performance théâtrale ajouta un élément d'incroyable magie à la soirée.

La fête dura jusqu'aux premières lueurs de l'aube. Les amis se retrouvèrent dans le jardin pour regarder le lever du soleil. La Maison Hantée avait été transformée en une nuit de rires, de frissons et de souvenirs inoubliables.

Au moment de partir, les invités reçurent des sacs de bonbons et des souvenirs de la fête. Tous étaient d'accord pour dire que la Maison Hantée n'était plus un endroit terrifiant, mais plutôt un lieu de célébration joyeuse.

Léo et ses amis avaient réussi à transformer la réputation sinistre de la Maison Hantée en un endroit où l'Halloween était célébré comme nulle part ailleurs. Châteaupeur se souviendrait longtemps de cette fête d'Halloween mémorable.

Fin.

The Mysterious Halloween Party at the Haunted House

———

Once upon a time, in a dark and mysterious house at the end of a narrow street in the small town of Scareville, there lived a young witch named Clara and her best friend, Max, a black cat. They were inseparable and eagerly awaited the arrival of Halloween. Each year, this holiday was even more special for them.

October had finally arrived, bringing with it a cool breeze and swirling autumn leaves. Clara had already begun preparing her Halloween costume. She had a dream for a long time: she wanted to be the most powerful and impressive witch in Scareville.

Max, on the other hand, intended to become the cleverest cat of all time. He had spent hours observing birds and making plans to catch the biggest Halloween mouse.

But that wasn't all. The two friends had heard of an ancient legend. According to this legend, on Halloween night, a mysterious magical treasure would be hidden somewhere in Scareville's haunted forest. Clara and Max were determined to find it, no matter the danger.

On Halloween evening, the streets of Scareville were adorned with illuminated pumpkins, spiderwebs, and cardboard ghosts. Children were getting ready to go trick-or-treating for candies, but Clara and Max had a different plan.

They had prepared a generations-old map that would lead them to the legendary treasure. Armed with their map, their witch's brooms, and their courage, they ventured into the haunted forest.

The forest was dark and mysterious, with trees that seemed to whisper and strange sounds filling the air. The two friends held the map tightly, following the clues left by the Halloween spirits.

After a long walk, Clara and Max arrived in an enchanted clearing. In the middle of the clearing stood a huge copper cauldron, with smoke wafting over the rim. It was the sought-after treasure.

The cauldron was filled with shiny gold coins, sparkling gemstones, and magical spells. Clara was in awe, while Max stared at the treasure with wide eyes.

However, before they could touch the treasure, a voice echoed, "To unlock the power of this treasure, you must solve a riddle." Clara and Max turned and saw a wise owl perched on a branch.

The owl presented them with a complex riddle, and Clara and Max racked their brains to find the answer. Eventually, they succeeded, and the owl said, "You have proven your cleverness. The treasure is yours."

Clara and Max left with the magical treasure, but they knew they wouldn't keep it all for themselves. They understood that Halloween was a holiday for sharing, so they decided to return to town and share the treasure with all the residents of Scareville.

When they arrived in town, they organized a grand Halloween celebration. There was music, dancing, magical spells, and a lavish feast. All the residents of Scareville rejoiced and thanked Clara and Max for their generosity.

That night, Clara and Max realized that the true treasure of Halloween was friendship, sharing, and the magic of community. They knew they had experienced the most extraordinary Halloween of their lives.

As they drifted off to sleep that night, Clara and Max knew that their friendship was the most precious treasure of all. They knew that every year, they would celebrate Halloween with as much enthusiasm, joy, and love.

The End.

L'Aventure Magique des Citrouilles d'Halloween

Il était une fois, dans la paisible campagne de Citrouilléville, un petit garçon nommé Tom, qui adorait les citrouilles. Chaque année, à l'approche d'Halloween, il attendait avec impatience le moment de choisir la citrouille parfaite pour sculpter une lanterne effrayante. Mais cette année allait être différente.

Tom était un rêveur. Il passait des heures à imaginer ce que les citrouilles ressentaient lorsqu'elles étaient cueillies et sculptées pour la fête d'Halloween. Un jour, il posa la question à son grand-père, un homme sage qui vivait dans une vieille ferme à la lisière du village.

Son grand-père lui sourit et dit : "Les citrouilles sont plus spéciales qu'on ne le croit, Tom. Elles sont remplies de magie et de secrets." Tom fut captivé par les paroles de son grand-père et demanda de plus amples explications.

Son grand-père lui raconta l'histoire d'une ancienne légende. Selon cette légende, il existait une citrouille magique qui pouvait réaliser un vœu à quiconque la sculptait avec un cœur pur et de bonnes intentions. Cette citrouille spéciale était appelée "La Grande Citrouille d'Halloween."

Tom était intrigué. Il décida qu'il ferait de son mieux pour trouver La Grande Citrouille d'Halloween cette année. Il se promit que s'il la trouvait, il ferait un vœu pour le bien de sa famille et de son village.

Le jour de la cueillette des citrouilles arriva rapidement. Tom se rendit avec sa famille dans un champ de citrouilles, où il chercha avec détermination la citrouille parfaite. Après un certain temps, il tomba sur une citrouille qui semblait particulièrement spéciale. Elle était plus grosse et plus brillante que les autres, et son écorce était douce au toucher.

Il décida de la choisir, et il ressentit un frisson en la prenant dans ses bras. Il savait que c'était peut-être La Grande Citrouille d'Halloween. Il la ramena chez lui, résolu à la sculpter avec un cœur pur et de bonnes intentions.

La nuit d'Halloween approcha rapidement. Tom passa des heures à sculpter la citrouille, créant une lanterne d'Halloween magnifique avec un visage souriant et accueillant. Il n'y ajouta aucune intention égoïste, seulement le désir de voir sa famille et son village en sécurité et heureux.

La nuit d'Halloween, la citrouille brillait de l'intérieur, éclairant la maison de Tom. Alors que sa famille et ses voisins se rassemblaient pour célébrer la fête, Tom sentit une énergie magique émanant de la citrouille. Il sut que le moment était venu de faire son vœu.

Il se concentra profondément, ferma les yeux, et murmura son souhait pour le bien-être de tous. Quand il rouvrit les yeux, il découvrit que la citrouille s'était transformée en un portail magique. Il n'en croyait pas ses yeux.

À travers le portail, il pouvait voir un paysage extraordinaire, rempli de citrouilles gigantesques, chacune avec un visage amical. Une voix douce lui parla : "Tom, tu as sculpté La Grande Citrouille d'Halloween avec un cœur pur, et ta sincérité a ouvert ce portail. Bienvenue dans notre monde, le Royaume des Citrouilles."

Tom était émerveillé. Il passa par le portail et se retrouva entouré de citrouilles magiques. Elles lui expliquèrent que leur mission était de répandre la joie et la magie d'Halloween dans le monde, et Tom avait été choisi pour les aider.

Le Royaume des Citrouilles était une terre enchantée, remplie de champs de citrouilles lumineuses, de rivières de jus de citrouille, et de créatures fantastiques. Tom se lia d'amitié avec les citrouilles et apprit à contrôler la magie qui émanait de La Grande Citrouille d'Halloween.

Il retourna chez lui, portant avec lui un fragment de magie citrouille pour sa lanterne d'Halloween. Cette lanterne illuminait la nuit d'Halloween d'une lueur encore plus magique.

À partir de ce jour, Tom et les citrouilles travaillèrent ensemble pour faire d'Halloween la fête la plus spéciale de l'année à Citrouilléville. Les citrouilles devinrent des créatures vivantes pour une nuit, dansant, chantant, et répandant la magie de l'Halloween dans tout le village.

Les habitants de Citrouilléville étaient émerveillés par la transformation de Tom et de ses citrouilles magiques. Chaque année, ils attendaient avec impatience la fête d'Halloween, lorsque la magie des citrouilles prenait vie.

La légende de La Grande Citrouille d'Halloween se perpétua, et Tom devint le gardien de cette précieuse citrouille. Il savait que la magie d'Halloween était réelle, et elle se trouvait dans les citrouilles et dans le cœur de ceux qui croyaient en elle.

La nuit d'Halloween était la plus spéciale de l'année à Citrouilléville, grâce à Tom et à ses amies, les citrouilles magiques. Ils avaient transformé une simple fête en une aventure magique qui célébrait l'amitié, la générosité, et la magie de l'Halloween.

Fin.

The Magical Adventure of Halloween Pumpkins

Once upon a time, in the peaceful countryside of Pumpkinville, there lived a young boy named Tom, who loved pumpkins. Every year, as Halloween approached, he eagerly anticipated the moment of choosing the perfect pumpkin to carve a spooky lantern. But this year was going to be different.

Tom was a dreamer. He spent hours imagining what pumpkins felt when they were picked and carved for the Halloween celebration. One day, he asked his grandfather, a wise man who lived in an old farmhouse on the outskirts of the village.

His grandfather smiled and said, "Pumpkins are more special than you think, Tom. They are filled with magic and secrets." Tom was captivated by his grandfather's words and asked for more explanation.

His grandfather told him the story of an ancient legend. According to this legend, there was a magical pumpkin that could grant a wish to anyone who carved it with a pure heart and good intentions. This special pumpkin was called "The Great Halloween Pumpkin."

Tom was intrigued. He decided that he would do his best to find The Great Halloween Pumpkin this year. He vowed that if he found it, he would make a wish for the well-being of his family and his village.

The day of the pumpkin picking arrived quickly. Tom went with his family to a pumpkin patch, where he determinedly searched for the perfect pumpkin. After some time, he stumbled upon a pumpkin that seemed particularly special. It was larger and shinier than the others, and its skin was smooth to the touch.

He decided to choose it, and he felt a shiver as he took it in his arms. He knew it might be The Great Halloween Pumpkin. He brought it back home, determined to carve it with a pure heart and good intentions.

Halloween night approached quickly. Tom spent hours carving the pumpkin, creating a beautiful Halloween lantern with a smiling and welcoming face. He added no selfish intentions, only the desire to see his family and village safe and happy.

On Halloween night, the pumpkin glowed from within, lighting up Tom's house. As his family and neighbors gathered to celebrate the festival, Tom felt a magical energy emanating from the pumpkin. He knew the moment had come to make his wish.

He concentrated deeply, closed his eyes, and whispered his wish for the well-being of all. When he opened his eyes, he discovered that the pumpkin had transformed into a magical portal. He couldn't believe his eyes.

Through the portal, he could see an extraordinary landscape, filled with gigantic pumpkins, each with a friendly face. A soft voice spoke to him, "Tom, you carved The Great Halloween Pumpkin with a pure heart, and your sincerity has opened this portal. Welcome to our world, the Pumpkin Kingdom."

Tom was amazed. He stepped through the portal and found himself surrounded by magical pumpkins. They explained to him that their mission was to spread the joy and magic of Halloween in the world, and Tom had been chosen to help them.

The Pumpkin Kingdom was an enchanted land, filled with fields of glowing pumpkins, rivers of pumpkin juice, and fantastical creatures. Tom became friends with the pumpkins and learned to harness the magic emanating from The Great Halloween Pumpkin.

He returned home, carrying with him a fragment of pumpkin magic for his Halloween lantern. This lantern illuminated Halloween night with an even more magical glow.

From that day on, Tom and the pumpkins worked together to make Halloween the most special holiday of the year in Pumpkinville. The pumpkins came to life for one night, dancing, singing, and spreading the magic of Halloween throughout the village.

The residents of Pumpkinville were in awe of Tom and his magical pumpkins. Each year, they eagerly awaited the Halloween celebration when the pumpkin magic came to life.

The legend of The Great Halloween Pumpkin lived on, and Tom became the guardian of this precious pumpkin. He knew that Halloween magic was real, and it lay within the pumpkins and in the hearts of those who believed in it.

Halloween night was the most special night of the year in Pumpkinville, thanks to Tom and his magical pumpkin friends.

They had transformed a simple celebration into a magical adventure that celebrated friendship, generosity, and the magic of Halloween.

The End.

Le Mystère du Manoir Hanté

Il était une fois, dans un petit village tranquille nommé Frissonville, un groupe d'amis intrépides : Élise, Marc, Sophie et Léo. Ils étaient tous de grands amateurs d'Halloween et adoraient se lancer des défis pour cette fête chaque année.

Cette année, ils avaient entendu parler d'une vieille légende qui racontait que le manoir abandonné, situé en périphérie du village, était hanté par d'anciens esprits maléfiques. Personne n'osait s'approcher du manoir la nuit d'Halloween, mais ces amis étaient déterminés à découvrir la vérité derrière les rumeurs.

Le manoir était un bâtiment sombre et sinistre, entouré d'arbres centenaires qui semblaient se pencher au-dessus de lui. Ses fenêtres étaient toutes brisées, et son jardin avait été envahi par la végétation. Les villageois murmuraient que d'étranges lumières apparaissaient dans le manoir la nuit d'Halloween.

Les amis avaient passé des semaines à se préparer à cette expédition. Ils avaient réuni des lanternes, des boussoles et des appareils photo pour documenter leur aventure. Ils avaient également fait des recherches sur l'histoire du manoir, mais les détails étaient rares.

La nuit d'Halloween arriva enfin. Le ciel était sombre, et la lueur de la lune se reflétait sur le manoir. Les amis se rencontrèrent en face de la vieille bâtisse, portant des costumes d'enquêteurs courageux.

Ils pénétrèrent dans le manoir en silence, leurs lanternes éclairant le chemin. Le vent soufflait à travers les fenêtres brisées, faisant grincer les planches du plancher. Le manoir était sinistre, mais les amis ne reculèrent pas. Ils étaient déterminés à résoudre le mystère.

Alors qu'ils exploraient le manoir, ils découvrirent des signes de vieillesse et de délabrement. Les murs étaient recouverts de poussière et de toiles d'araignée, et les meubles étaient couverts de draps poussiéreux. Ils atteignirent une grande salle au rez-de-chaussée, où un imposant lustre pendait du plafond.

Soudain, ils entendirent un bruit étrange. C'était comme un murmure dans le vent. Élise fit signe aux autres de se taire et d'écouter. Le murmure se fit de plus en plus fort, se transformant en voix inquiétante qui semblait venir de nulle part.

"Qui ose pénétrer dans mon royaume ?" demanda la voix. Les amis frissonnèrent. Ils ne voyaient personne, mais la voix semblait les entourer.

"Nous sommes venus pour découvrir la vérité sur ce manoir", déclara Marc d'une voix tremblante. "Nous ne sommes pas venus pour vous déranger."

La voix se tut un moment, puis dit : "Très bien, si vous cherchez la vérité, suivez-moi." Une lueur mystérieuse apparut et commença à les guider à travers le manoir sombre. Les amis la suivirent avec précaution.

La lueur les conduisit à une petite pièce au fond du manoir. Elle s'éteignit soudainement, les plongeant dans l'obscurité. Léo alluma sa lanterne, révélant une vieille armoire en bois. Sophie ouvrit la porte de l'armoire, et à leur grande surprise, ils trouvèrent un passage secret caché derrière.

Ils descendirent les escaliers en colimaçon, se retrouvant dans un souterrain obscur. La lueur mystérieuse réapparut, les guidant à travers un labyrinthe de tunnels sombres. Ils étaient nerveux, mais leur curiosité les poussait à continuer.

Finalement, la lueur les conduisit à une grande salle souterraine. Au centre de la salle se trouvait une vieille table en bois avec un vieux livre posé dessus. Les amis s'approchèrent et ouvrirent le livre.

Le livre racontait l'histoire du manoir. Il avait été construit il y a des siècles par un alchimiste renommé. L'alchimiste avait cherché à créer une formule pour la vie éternelle, mais ses expériences avaient mal tourné, piégeant son âme dans le manoir.

La voix mystérieuse qui les avait guidés était l'esprit de l'alchimiste. Il avait été condamné à errer dans le manoir depuis des siècles, cherchant à se libérer de sa malédiction. Il avait utilisé la lueur mystérieuse pour les conduire ici, dans l'espoir qu'ils puissent l'aider.

Élise, Marc, Sophie et Léo sentaient de la compassion pour l'esprit de l'alchimiste. Ils décidèrent de l'aider à se libérer de sa malédiction. Ils trouvèrent une formule dans le livre qui pouvait briser le sortilège.

Après de nombreux efforts, ils réussirent à réaliser la formule. La lueur mystérieuse entoura l'esprit de l'alchimiste, et il commença à se dissiper, libéré enfin de sa malédiction. Il remercia chaleureusement les amis pour leur aide et disparut dans la lumière.

Le manoir cessa d'être hanté, et la tranquillité revint à Frissonville. Les amis avaient résolu le mystère du manoir hanté, mais ils savaient que cette aventure inoubliable serait la meilleure de toutes les nuits d'Halloween.

De cette nuit en avant, le manoir abandonné n'était plus un endroit sinistre, mais un endroit chargé d'histoire et de mystère. Les villageois se mirent à visiter le manoir, et il devint un lieu de célébration pour Halloween.

Élise, Marc, Sophie et Léo avaient prouvé que, même dans les endroits les plus sombres, il y avait toujours de la lumière. Cette nuit d'Halloween resterait gravée dans leur mémoire pour le reste de leur vie.

Fin.

The Mystery of the Haunted Manor

Once upon a time, in a peaceful little village called Chillsville, there lived a group of daring friends: Elise, Marc, Sophie, and Leo. They were all big Halloween enthusiasts and loved to challenge themselves for the holiday every year.

This year, they had heard of an old legend that told of the abandoned manor on the outskirts of the village, rumored to be haunted by ancient malevolent spirits. No one dared to approach the manor on Halloween night, but these friends were determined to uncover the truth behind the rumors.

The manor was a dark and ominous building, surrounded by centuries-old trees that seemed to loom over it. Its windows were all broken, and its garden had been overgrown by vegetation. Villagers whispered that strange lights appeared in the manor on Halloween night.

The friends had spent weeks preparing for this expedition. They had gathered lanterns, compasses, and cameras to document their adventure. They had also researched the manor's history, but details were scarce.

Halloween night finally arrived. The sky was dark, and the moonlight reflected off the manor. The friends met in front of the old building, dressed as brave investigators.

They entered the manor in silence, their lanterns lighting the way. The wind blew through the broken windows, making the floorboards creak. The manor was eerie, but the friends didn't back down. They were determined to solve the mystery.

As they explored the manor, they discovered signs of age and decay. The walls were covered in dust and cobwebs, and the furniture was draped in dusty sheets. They reached a large hall on the ground floor, where an imposing chandelier hung from the ceiling.

Suddenly, they heard a strange sound. It was like a whisper in the wind. Elise signaled the others to be quiet and listen. The whisper grew louder, turning into an unsettling voice that seemed to come from nowhere.

"Who dares to enter my realm?" the voice asked. The friends shivered. They couldn't see anyone, but the voice seemed to surround them.

"We've come to uncover the truth about this manor," Marc said in a trembling voice. "We haven't come to disturb you."

The voice fell silent for a moment, then said, "Very well, if you seek the truth, follow me." A mysterious glow appeared and began to guide them through the dark manor. The friends followed it cautiously.

The glow led them to a small room at the back of the manor. It suddenly went out, plunging them into darkness. Leo lit his lantern, revealing an old wooden wardrobe. Sophie opened the wardrobe door, and to their great surprise, they found a hidden secret passage behind it.

They descended the spiral staircase, finding themselves in a dark underground chamber. The mysterious glow reappeared, guiding them through a maze of dark tunnels. They were nervous, but their curiosity urged them to continue.

Finally, the glow led them to a large underground hall. In the center of the hall was an old wooden table with an ancient book placed on it. The friends approached and opened the book.

The book told the story of the manor. It had been built centuries ago by a renowned alchemist. The alchemist had sought to create a formula for eternal life, but his experiments had gone awry, trapping his soul in the manor.

The mysterious voice that had guided them was the spirit of the alchemist. He had been condemned to wander the manor for centuries, seeking to break free from his curse. He had used the mysterious glow to lead them here, hoping they could help.

Elise, Marc, Sophie, and Leo felt compassion for the alchemist's spirit. They decided to help him break free from his curse. They found a spell in the book that could break the enchantment.

After many attempts, they successfully performed the spell. The mysterious glow surrounded the alchemist's spirit, and he began to dissipate, finally free from his curse. He thanked the friends warmly for their help and disappeared into the light.

The manor ceased to be haunted, and tranquility returned to Chillsville. The friends had solved the mystery of the haunted manor, but they knew that this unforgettable adventure would be the best of all Halloween nights.

From that night on, the abandoned manor was no longer a sinister place, but a location filled with history and mystery. Villagers began to visit the manor, and it became a place of celebration for Halloween.

Elise, Marc, Sophie, and Leo had proven that even in the darkest places, there was always light. This Halloween night would remain etched in their memories for the rest of their lives.

The End.

La Forêt Enchantée d'Halloween

Il était une fois, dans un petit village caché au cœur de la vallée des sorcières, une légende d'Halloween qui avait captivé l'imagination des habitants pendant des générations. C'était l'histoire de la Forêt Enchantée d'Halloween, un endroit mystérieux où la magie d'Halloween prenait vie.

La Forêt Enchantée était un lieu magique et mystérieux qui n'apparaissait qu'une nuit par an, la nuit d'Halloween. Elle était cachée derrière une barrière de brouillard, et nul ne pouvait pénétrer à l'intérieur sans l'invitation d'un esprit d'Halloween.

Chaque année, les villageois attendaient avec impatience la nuit d'Halloween, espérant être choisis pour entrer dans la Forêt Enchantée. C'était une occasion spéciale, car ceux qui avaient la chance d'entrer pouvaient vivre une aventure extraordinaire.

Cette année, un jeune garçon nommé Mathis rêvait de pénétrer dans la Forêt Enchantée. Il était fasciné par les histoires que les anciens du village racontaient sur les créatures magiques et les mystères qui se cachaient à l'intérieur.

Mathis était un garçon curieux, passionné par la magie d'Halloween. Il avait passé des mois à préparer sa demande, rédigeant une lettre au Roi des Esprits d'Halloween, implorant une chance d'entrer dans la forêt. Il avait appris des sorts et des incantations spéciales pour se préparer à son aventure.

La nuit d'Halloween arriva enfin. Le village était illuminé de lanternes en forme de citrouille, de bougies scintillantes et de déguisements effrayants. Les villageois se rassemblèrent autour d'un grand feu de joie pour célébrer le début de la nuit.

Mathis se tenait près du feu, tenant sa lettre au Roi des Esprits d'Halloween. Il récita une incantation spéciale pour attirer l'attention de l'esprit. Soudain, une brume étrange apparut, enveloppant Mathis. Le Roi des Esprits d'Halloween se matérialisa devant lui, vêtu de robes sombres et couronné d'une tiare faite de branches de sorbier.

Le Roi des Esprits d'Halloween regarda Mathis avec des yeux pétillants et dit : "Mathis, ta passion pour la magie d'Halloween est évidente. Je te donne la chance d'entrer dans la Forêt Enchantée cette nuit. Mais rappelle-toi, la forêt est remplie de défis et de mystères. Sois courageux et sage."

Mathis remercia le Roi des Esprits d'Halloween et s'avança vers la barrière de brouillard. À son grand étonnement, elle s'ouvrit pour lui permettre de pénétrer à l'intérieur de la forêt.

La Forêt Enchantée était un monde à part, empli de couleurs éclatantes et de créatures étranges. Des citrouilles lumineuses flottaient dans les airs, et les arbres se couvraient de toiles d'araignée argentées scintillantes. Des fées d'Halloween dansaient entre les branches, et des chats noirs aux yeux brillants déambulaient dans les sous-bois.

Mathis se sentit transporté dans un autre monde. Il suivit un chemin de feuilles de citrouille qui le conduisit à un clairière enchantée. Au centre de la clairière se trouvait une table chargée de friandises et de gâteaux d'Halloween. Une sorcière rieuse lui fit signe de s'asseoir.

La sorcière lui raconta des histoires incroyables sur la Forêt Enchantée et ses habitants. Elle lui dit que la forêt avait le pouvoir de réaliser les souhaits les plus profonds de ceux qui la visitaient, à condition qu'ils soient sincères et justes.

Mathis demanda si la forêt pouvait lui donner le pouvoir de faire rire son ami Tristan, qui était souvent triste. La sorcière accepta et lui donna une petite lanterne en forme de citrouille. "Allume cette lanterne dans le monde réel, et elle répandra la joie et le rire partout où tu iras," dit-elle.

Mathis remercia la sorcière et quitta la clairière enchantée. Il suivit le chemin de feuilles de citrouille de retour à la barrière de brouillard, où le Roi des Esprits d'Halloween l'attendait.

Le Roi des Esprits d'Halloween lui sourit et dit : "Tu as réussi l'épreuve, Mathis. La Forêt Enchantée t'a béni avec un pouvoir spécial. Utilise-le pour répandre la magie d'Halloween et la joie dans le monde."

Mathis retourna au village, la lanterne en forme de citrouille à la main. Il alluma la lanterne, et instantanément, des rires et des sourires se répandirent autour de lui. Tristan, son ami triste, éclata de rire pour la première fois depuis longtemps.

Le village tout entier fut empli de la magie d'Halloween, et les habitants ressentirent une joie extraordinaire. Mathis avait réalisé un vœu sincère, et la Forêt Enchantée avait répondu.

La nuit d'Halloween se termina, mais la magie d'Halloween demeura dans le cœur de Mathis et des villageois. Chaque année, Mathis visitait la Forêt Enchantée pour renouveler le pouvoir de sa lanterne, répandant la joie et la magie d'Halloween partout où il allait.

La Forêt Enchantée d'Halloween était une légende devenue réalité, et elle rappelait à tous que la magie d'Halloween pouvait réaliser les souhaits les plus profonds.

Fin.

The Enchanted Halloween Forest

Once upon a time, in a small village hidden in the heart of Witch's Valley, there was a Halloween legend that had captured the imagination of the inhabitants for generations. It was the story of the Enchanted Halloween Forest, a mysterious place where the magic of Halloween came to life.

The Enchanted Forest was a magical and mysterious place that appeared only one night a year, on Halloween night. It was hidden behind a barrier of fog, and no one could enter without an invitation from a Halloween spirit.

Every year, the villagers eagerly awaited Halloween night, hoping to be chosen to enter the Enchanted Forest. It was a special occasion because those who were fortunate enough to enter could experience an extraordinary adventure.

This year, a young boy named Mathis dreamed of entering the Enchanted Forest. He was fascinated by the stories that the village elders told about the magical creatures and mysteries hidden inside.

Mathis was a curious boy, passionate about Halloween magic. He had spent months preparing his request, writing a letter to the King of Halloween Spirits, begging for a chance to enter the forest. He had learned special spells and incantations to prepare for his adventure.

Halloween night finally arrived. The village was illuminated with pumpkin-shaped lanterns, flickering candles, and spooky costumes. Villagers gathered around a large bonfire to celebrate the start of the night.

Mathis stood near the fire, holding his letter to the King of Halloween Spirits. He recited a special incantation to attract the spirit's attention. Suddenly, a strange mist appeared, enveloping Mathis. The King of Halloween Spirits materialized before him, dressed in dark robes and crowned with a tiara made of rowan branches.

The King of Halloween Spirits looked at Mathis with sparkling eyes and said, "Mathis, your passion for Halloween magic is evident. I grant you the chance to enter the Enchanted Forest tonight. But remember, the forest is filled with challenges and mysteries. Be brave and wise."

Mathis thanked the King of Halloween Spirits and stepped toward the fog barrier. To his great surprise, it opened to allow him to enter the forest.

The Enchanted Forest was a world of its own, filled with vibrant colors and strange creatures. Luminous pumpkins floated in the air, and the trees were covered in sparkling silver spiderwebs. Halloween fairies danced among the branches, and bright-eyed black cats roamed in the underbrush.

Mathis felt transported to another world. He followed a path of pumpkin leaves that led him to an enchanted clearing. In the center of the clearing was a table laden with Halloween treats and cakes. A jovial witch waved him to sit.

The witch regaled him with incredible stories about the Enchanted Forest and its inhabitants. She told him that the forest had the power to fulfill the deepest wishes of those who visited, provided they were sincere and just.

Mathis asked if the forest could grant him the power to make his friend Tristan, who was often sad, laugh. The witch agreed and gave him a small pumpkin-shaped lantern. "Light this lantern in the real world, and it will spread joy and laughter wherever you go," she said.

Mathis thanked the witch and left the enchanted clearing. He followed the pumpkin leaf path back to the fog barrier, where the King of Halloween Spirits awaited.

The King of Halloween Spirits smiled at him and said, "You have passed the test, Mathis. The Enchanted Forest has blessed you with a special power. Use it to spread Halloween magic and joy in the world."

Mathis returned to the village, lantern in hand. He lit the lantern, and instantly, laughter and smiles spread all around him. Tristan, his sad friend, burst into laughter for the first time in a long while.

The entire village was filled with the magic of Halloween, and the residents felt extraordinary joy. Mathis had made a sincere wish, and the Enchanted Forest had answered.

Halloween night came to an end, but the magic of Halloween remained in the hearts of Mathis and the villagers. Every year,

Mathis visited the Enchanted Forest to renew the power of his lantern, spreading joy and Halloween magic wherever he went.

The Enchanted Halloween Forest was a legend come to life, reminding everyone that Halloween magic could fulfill the deepest wishes.

The End.

Les Enfants de la Maison Hantée

Il était une fois, dans une petite ville du nom de Sombrebois, une maison sinistre qui se dressait à l'orée d'une vieille forêt. On disait que la Maison Hantée était le repaire de fantômes, de sorcières et de toutes sortes d'esprits maléfiques. Cependant, personne n'avait jamais osé s'en approcher la nuit d'Halloween, jusqu'à cette année.

Trois amis, Marie, Léo et Emma, étaient des amateurs d'Halloween passionnés. Ils adoraient les histoires de fantômes et de maisons hantées, et ils étaient déterminés à découvrir la vérité derrière la Maison Hantée. Ils avaient entendu des rumeurs selon lesquelles la maison renfermait un trésor caché depuis des siècles, mais personne n'avait jamais réussi à le trouver.

Les trois amis avaient passé des semaines à se préparer à cette aventure. Ils s'étaient procuré des lampes de poche, des cartes de la forêt, et avaient étudié les légendes locales pour en savoir plus sur la Maison Hantée. Ils savaient que la nuit d'Halloween était le moment idéal pour percer le mystère.

La nuit d'Halloween arriva enfin. La lune était haute dans le ciel, et le vent soufflait doucement à travers la forêt. Marie, Léo et Emma se réunirent à l'orée de la forêt, chacun portant un costume d'enquêteur courageux. Ils avaient également préparé une carte détaillée pour s'orienter dans la forêt sombre.

Ils pénétrèrent dans la forêt avec précaution, en suivant le sentier qui les conduisait à la Maison Hantée. La forêt était silencieuse, à l'exception du bruissement des feuilles et du hululement des hiboux. La lueur de leurs lampes de poche créait des ombres inquiétantes parmi les arbres.

Ils atteignirent enfin la Maison Hantée, une vieille bâtisse aux volets délabrés et au toit couvert de mousse. Les fenêtres étaient sombres, et la porte grinçait sinistrement lorsque Léo l'ouvrit avec précaution.

À l'intérieur, la maison était froide et silencieuse. Les murs étaient tapissés de papiers peints défraîchis, et les meubles étaient recouverts de draps poussiéreux. Le plancher craquait sous leurs pas, créant une atmosphère lugubre.

Alors qu'ils exploraient la maison, ils entendirent des bruits étranges. Des murmures indistincts semblaient venir des murs, et des ombres semblaient danser dans les coins sombres. Emma frissonna mais s'encouragea en se disant que les bruits devaient être le fruit de leur imagination.

Ils arrivèrent dans une grande salle au rez-de-chaussée, où un chandelier en forme de toile d'araignée pendait du plafond. Soudain, la pièce s'illumina d'une lueur spectrale, et trois silhouettes apparurent devant eux. C'étaient des enfants fantômes, vêtus de costumes d'Halloween anciens.

Les enfants fantômes sourirent et s'approchèrent d'eux. Le premier, un garçon, dit : "Vous êtes les premiers à oser entrer dans notre maison depuis des décennies. Nous sommes les enfants de la Maison Hantée. Bienvenue."

Marie, Léo et Emma furent surpris mais intrigués. Les enfants fantômes leur expliquèrent qu'ils étaient les gardiens du trésor caché de la maison, mais qu'il ne pouvait être révélé qu'à ceux qui avaient le cœur pur et l'intention sincère de protéger son pouvoir.

Les amis se regardèrent, réalisant que c'était l'aventure qu'ils attendaient. Ils acceptèrent le défi des enfants fantômes et se lancèrent dans une série d'épreuves pour prouver leur pureté de cœur.

Ils résolurent des énigmes, aidèrent d'anciens esprits à trouver la paix et réparèrent des objets magiques qui étaient tombés en désuétude. À chaque défi relevé, les enfants fantômes leur révélaient une partie du trésor et expliquaient comment il pouvait être utilisé pour le bien.

Le trésor était une amulette magique qui pouvait apporter la joie et le bonheur à tous ceux qui en avaient besoin. Marie, Léo et Emma comprirent que c'était le trésor qu'ils étaient destinés à trouver, et ils promirent de l'utiliser pour répandre la magie d'Halloween dans leur ville.

Les enfants fantômes sourirent de satisfaction. Ils savaient que les amis étaient dignes du trésor, et ils leur remirent l'amulette avec gratitude. La Maison Hantée cessa de les hanter, et la lueur spectrale disparut.

Marie, Léo et Emma retournèrent dans leur village avec l'amulette magique. Ils l'utilisèrent pour apporter la joie et le bonheur à tous les habitants, transformant leur petite ville en un endroit chaleureux et accueillant.

La Maison Hantée n'était plus un lieu sinistre, mais un endroit qui apportait la magie d'Halloween dans la vie des gens. Elle était devenue une légende vivante, rappelant à tous que même les endroits les plus effrayants pouvaient renfermer des trésors inestimables.

La nuit d'Halloween était désormais une célébration chaleureuse dans la ville de Sombrebois, grâce à l'amulette magique des amis et à leur courage pour percer le mystère de la Maison Hantée.

Fin.

The Children of the Haunted House

Once upon a time, in a small town called Darkwood, there stood a sinister house at the edge of an ancient forest. It was said that the Haunted House was the lair of ghosts, witches, and all kinds of malevolent spirits. However, no one had ever dared to approach it on Halloween night until this year.

Three friends, Marie, Leo, and Emma, were passionate Halloween enthusiasts. They loved ghost stories and haunted houses, and they were determined to uncover the truth behind the Haunted House. They had heard rumors that the house concealed a treasure hidden for centuries, but no one had ever succeeded in finding it.

The three friends had spent weeks preparing for this adventure. They had acquired flashlights, forest maps, and had studied local legends to learn more about the Haunted House. They knew that Halloween night was the perfect time to solve the mystery.

Halloween night finally arrived. The moon was high in the sky, and the wind gently rustled through the forest. Marie, Leo, and Emma gathered at the edge of the forest, each wearing a brave investigator's costume. They had also prepared a detailed map to navigate through the dark woods.

They entered the forest cautiously, following the path that led to the Haunted House. The forest was silent, except for the rustling of leaves and the hooting of owls. The glow of their flashlights created eerie shadows among the trees.

Finally, they reached the Haunted House, an old building with decrepit shutters and a roof covered in moss. The windows were dark, and the door creaked ominously when Leo opened it carefully.

Inside, the house was cold and silent. The walls were lined with faded wallpaper, and the furniture was draped in dusty sheets. The floor creaked under their footsteps, creating a spooky atmosphere.

As they explored the house, they heard strange sounds. Indistinct murmurs seemed to come from the walls, and shadows appeared to dance in dark corners. Emma shivered but reassured herself that the noises were products of their imagination.

They eventually entered a large room on the ground floor, where a spiderweb-shaped chandelier hung from the ceiling. Suddenly, the room was illuminated by a spectral glow, and three silhouettes appeared before them. They were childlike ghosts, dressed in ancient Halloween costumes.

The ghostly children smiled and approached them. The first, a boy, said, "You are the first to dare enter our house in decades. We are the children of the Haunted House. Welcome."

Marie, Leo, and Emma were surprised but intrigued. The ghostly children explained that they were the guardians of the house's hidden treasure, but it could only be revealed to those with pure hearts and a sincere intention to protect its power.

The friends looked at each other, realizing that this was the adventure they had been waiting for. They accepted the challenge from the ghostly children and embarked on a series of tests to prove their purity of heart.

They solved riddles, helped ancient spirits find peace, and repaired magical objects that had fallen into disrepair. With each challenge overcome, the ghostly children revealed a part of the treasure and explained how it could be used for good.

The treasure was a magical amulet that could bring joy and happiness to those in need. Marie, Leo, and Emma understood that this was the treasure they were destined to find, and they promised to use it to spread the magic of Halloween in their town.

The ghostly children smiled with satisfaction. They knew that the friends were worthy of the treasure, and they handed over the amulet with gratitude. The Haunted House ceased to haunt them, and the spectral glow vanished.

Marie, Leo, and Emma returned to their town with the magical amulet. They used it to bring joy and happiness to all the townspeople, transforming their small town into a warm and welcoming place.

The Haunted House was no longer a sinister place, but one that brought the magic of Halloween into people's lives. It had become a living legend, reminding everyone that even the scariest places could hold invaluable treasures.

Halloween night was now a warm celebration in the town of Darkwood, thanks to the friends' magical amulet and their courage in unraveling the mystery of the Haunted House.

The End.

La Fête d'Halloween du Vieux Manoir

Il était une fois, dans un village paisible niché au creux des montagnes, un vieux manoir abandonné qui trônait au sommet d'une colline. Ce manoir, autrefois majestueux, était à présent entouré de mystères et de légendes effrayantes. On disait qu'il était hanté par les esprits des anciens propriétaires, et aucun villageois n'osait s'en approcher la nuit d'Halloween.

Cependant, cette année, un groupe d'amis intrépides, composé de Clara, Antoine, Lucie et Théo, était bien décidé à braver l'interdit. Ils étaient passionnés par Halloween et avaient toujours rêvé d'explorer le manoir pour percer ses mystères. La nuit d'Halloween était l'occasion parfaite pour réaliser leur rêve.

Pendant des semaines, les amis s'étaient préparés. Ils avaient collecté des lanternes, des cartes, et étudié l'histoire du manoir. Ils savaient qu'il recelait de nombreux secrets, et ils étaient déterminés à les découvrir.

La nuit d'Halloween arriva enfin. Le village était décoré de citrouilles lumineuses, de toiles d'araignée factices et de costumes effrayants. Clara, Antoine, Lucie et Théo se réunirent au pied de la colline, prêts à gravir la pente abrupte jusqu'au manoir.

Ils commencèrent leur ascension avec prudence, leurs lanternes éclairant le chemin rocailleux. La nuit était froide et silencieuse, à l'exception du murmure du vent dans les arbres.

Lorsqu'ils atteignirent le sommet de la colline, le manoir se dressa devant eux, imposant et majestueux malgré sa décrépitude. Les fenêtres étaient sombres, et les volets grinçaient au gré du vent.

Ils pénétrèrent dans le manoir par une porte délabrée, découvrant un intérieur poussiéreux et délabré. Les murs étaient ornés de peintures effacées, et les tapisseries autrefois somptueuses étaient maintenant en lambeaux. L'air était chargé d'histoire et de mystère.

Ils se dirigèrent vers une grande salle au rez-de-chaussée, où un lustre majestueux pendait du plafond. Soudain, des chuchotements mystérieux emplirent la pièce, et une brise glacée les enveloppa. Ils frissonnèrent mais décidèrent de continuer leur exploration.

Au fur et à mesure qu'ils progressaient dans le manoir, des phénomènes étranges se produisaient. Des ombres semblaient bouger d'elles-mêmes, des portes grinçaient, et des échos de voix murmuraient des phrases incompréhensibles.

Ils atteignirent une bibliothèque richement ornée, remplie de livres anciens couverts de poussière. L'un des livres attira leur attention. Il était orné de symboles mystérieux et de textes en langue étrangère. Ils le saisirent et l'ouvrirent, découvrant des récits de sorcellerie et de magie.

Au fur et à mesure qu'ils lisaient le livre, ils comprirent que le manoir avait été autrefois la résidence d'un puissant sorcier. Il avait mené des expériences mystérieuses et pratiqué des rituels de magie noire, ce qui avait laissé une empreinte mystique sur la maison.

Alors qu'ils s'enfonçaient plus profondément dans le manoir, ils entendirent des pas feutrés et des rires étranges. Des esprits apparurent, vêtus de costumes anciens, dansant et riant. Les amis les observèrent avec fascination, réalisant que ces esprits étaient les anciens propriétaires du manoir.

Les esprits expliquèrent qu'ils étaient prisonniers du manoir depuis des siècles, condamnés à errer sans fin. Ils avaient été piégés par les pouvoirs du sorcier, et seule une célébration d'Halloween pouvait briser le sortilège.

Clara, Antoine, Lucie et Théo étaient déterminés à aider les esprits à trouver la paix. Ils organisèrent une fête d'Halloween dans le manoir, décorant les pièces avec des guirlandes de citrouilles, des toiles d'araignée et des bougies scintillantes. La musique d'Halloween emplit l'air, et les esprits commencèrent à danser avec enthousiasme.

La fête dura jusqu'à l'aube, et à l'instant où les premiers rayons du soleil illuminèrent le manoir, le sortilège se brisa. Les esprits retrouvèrent leur liberté et remercièrent chaleureusement les amis pour leur aide.

Le manoir cessa d'être un endroit hanté, et il fut transformé en un lieu de célébration pour Halloween. Les villageois vinrent visiter le manoir, et il devint le centre des festivités d'Halloween.

Clara, Antoine, Lucie et Théo avaient résolu le mystère du manoir hanté et apporté la paix aux esprits tourmentés. Cette aventure d'Halloween resterait gravée dans leur mémoire comme la plus inoubliable de toutes les nuits d'Halloween.

À partir de cette nuit-là, le manoir abandonné n'était plus un endroit sinistre, mais un endroit empli d'histoire et de mystère. Les villageois se mirent à visiter le manoir, et il devint un lieu de célébration pour Halloween.

Clara, Antoine, Lucie et Théo avaient prouvé que même dans les endroits les plus sombres, il y avait toujours de la lumière. Cette nuit d'Halloween serait à jamais gravée dans leur mémoire.

Fin.

The Halloween Party at the Old Manor

Once upon a time, in a peaceful village nestled in the mountains, there stood an abandoned old mansion atop a hill. This mansion, once majestic, was now shrouded in mysteries and eerie legends. It was said to be haunted by the spirits of its former owners, and no villager dared to approach it on Halloween night.

However, this year, a daring group of friends, composed of Clara, Antoine, Lucie, and Theo, was determined to defy the taboo. They were passionate about Halloween and had always dreamed of exploring the mansion to uncover its mysteries. Halloween night was the perfect opportunity to fulfill their dream.

For weeks, the friends had been preparing. They collected lanterns, maps, and studied the history of the mansion. They knew it held many secrets, and they were determined to discover them.

Halloween night finally arrived. The village was adorned with glowing pumpkins, fake spiderwebs, and scary costumes. Clara, Antoine, Lucie, and Theo gathered at the foot of the hill, ready to climb the steep slope to the mansion.

They began their ascent cautiously, their lanterns lighting the rocky path. The night was cold and silent, except for the whispering of the wind through the trees.

When they reached the top of the hill, the mansion stood before them, imposing and majestic despite its decrepitude. The windows were dark, and the shutters creaked in the wind.

They entered the mansion through a dilapidated door, discovering a dusty and dilapidated interior. The walls were adorned with faded wallpaper, and the once sumptuous tapestries were now tattered. The air was heavy with history and mystery.

They made their way to a grand hall on the ground floor, where a magnificent chandelier hung from the ceiling. Suddenly, mysterious whispers filled the room, and a chilling breeze enveloped them. They shivered but decided to continue their exploration.

As they progressed through the mansion, strange phenomena occurred. Shadows seemed to move on their own, doors squeaked, and echoes of voices whispered incomprehensible phrases.

They reached a lavishly decorated library, filled with ancient books covered in dust. One book caught their attention. It was adorned with mysterious symbols and texts in a foreign language. They picked it up and opened it, discovering stories of witchcraft and black magic.

As they read the book, they realized that the mansion had once been the residence of a powerful sorcerer. He had conducted mysterious experiments and practiced dark magic rituals, leaving a mystical imprint on the house.

As they delved deeper into the mansion, they heard soft footsteps and strange laughter. Spirits appeared, dressed in ancient costumes, dancing and laughing. The friends watched them with fascination, realizing that these spirits were the mansion's former owners.

The spirits explained that they had been trapped in the mansion for centuries, condemned to wander endlessly. They had been ensnared by the sorcerer's powers, and only a Halloween celebration could break the spell.

Clara, Antoine, Lucie, and Theo were determined to help the spirits find peace. They organized a Halloween party in the mansion, decorating the rooms with pumpkin garlands, spiderwebs, and twinkling candles. Halloween music filled the air, and the spirits began to dance enthusiastically.

The party lasted until dawn, and the moment the first rays of sunlight illuminated the mansion, the spell was broken. The spirits regained their freedom and warmly thanked the friends for their help.

The mansion ceased to be a haunted place and was transformed into a center of Halloween festivities. Villagers came to visit the mansion, and it became the hub of Halloween celebrations.

Clara, Antoine, Lucie, and Theo had solved the mystery of the haunted mansion and brought peace to the tormented spirits. This Halloween adventure would forever be etched in their memories as the most unforgettable of all Halloween nights.

From that night on, the abandoned mansion was no longer a sinister place but a site filled with history and mystery. The villagers began to visit the mansion, and it became a place of celebration for Halloween.

Clara, Antoine, Lucie, and Theo had proven that even in the darkest places, there was always light. This Halloween night would be forever etched in their memories.

The End.

Le Secret de la Sorcière d'Halloween

Il était une fois, dans un petit village pittoresque appelé Havrefeu, une vieille légende d'Halloween qui hantait l'imagination de ses habitants depuis des générations. C'était l'histoire de la Sorcière d'Halloween, une mystérieuse magicienne qui, selon les légendes, apparaissait tous les 31 octobre pour exaucer les souhaits les plus profonds.

La Sorcière d'Halloween était une figure énigmatique. On disait qu'elle résidait dans une cabane enchantée, cachée au cœur de la forêt sombre qui entourait le village. Pour avoir la chance de rencontrer la sorcière, il fallait suivre une série de rituels spécifiques et prouver sa bravoure en traversant la forêt hantée.

Cette année, un jeune garçon nommé Hugo était bien déterminé à rencontrer la Sorcière d'Halloween. Depuis son plus jeune âge, il avait entendu les histoires captivantes racontées par les anciens du village. Son vœu le plus cher était de retrouver son grand-père décédé, un homme qu'il avait à peine connu, mais dont il avait entendu des récits élogieux.

Hugo passa des mois à se préparer. Il étudia les rituels, les incantations et les sorts nécessaires pour appeler la Sorcière d'Halloween. Il s'entraîna à traverser la forêt sombre, faisant face à ses peurs et à ses angoisses. Il rassembla des offrandes spéciales pour la sorcière, y compris des baies rares et des herbes magiques.

Le soir d'Halloween, alors que la lune était haute dans le ciel et que les étoiles brillaient comme des diamants, Hugo se dirigea vers la forêt sombre. Les arbres semblaient s'animer, leurs branches tordues et noueuses créant des ombres effrayantes. Il s'aventura courageusement dans la forêt, s'efforçant de suivre les rituels qu'il avait appris.

Après des heures de marche, il atteignit enfin la cabane enchantée de la Sorcière d'Halloween. La cabane était entourée d'arbres tortueux et d'épais buissons de ronces. Hugo frappa à la porte avec le cœur battant.

La porte s'ouvrit lentement, révélant une pièce sombre et enfumée, éclairée par des bougies vacillantes. Au fond de la pièce, une silhouette mystérieuse était assise devant un chaudron bouillonnant.

La Sorcière d'Halloween était une femme âgée, vêtue de haillons et coiffée d'un chapeau pointu. Ses yeux brillaient d'une lueur mystérieuse, et elle sourit à Hugo en montrant ses dents crochues.

"Je sais pourquoi tu es venu, jeune homme", dit la sorcière d'une voix grinçante. "Tu désires retrouver ton grand-père, n'est-ce pas ?"

Hugo hocha la tête avec détermination. "Oui, c'est mon vœu le plus cher. Je veux connaître mon grand-père, entendre ses histoires et lui parler."

La sorcière hocha la tête, puis lui demanda de raconter les histoires que son grand-père lui avait racontées. Hugo parla avec passion des récits de son grand-père, de ses aventures, de ses rires et de ses sages paroles.

La sorcière sembla s'enfoncer dans une profonde méditation, murmurant des incantations mystérieuses. Soudain, le chaudron devant elle se mit à bouillonner, émettant une lueur éclatante.

"Ton vœu sera exaucé", déclara la sorcière. "Je vais t'aider à rencontrer l'esprit de ton grand-père, mais tu dois faire preuve de courage et de détermination."

Elle remit à Hugo un petit flacon contenant une potion spéciale. "Cela t'aidera à te connecter avec l'esprit de ton grand-père. Prends cette potion et suis mes instructions à la lettre."

Hugo remercia la sorcière et quitta la cabane enchantée. La forêt sombre semblait encore plus sinistre à présent, mais Hugo n'avait plus peur. Il était déterminé à rencontrer l'esprit de son grand-père.

Il suivit les instructions de la sorcière, buvant la potion et récitant les incantations spéciales. Soudain, l'air s'emplit de murmures et de bruissements. L'esprit de son grand-père apparut devant lui, vêtu de vêtements d'une autre époque.

Ils parlèrent longuement, partageant des souvenirs et des histoires. L'esprit de son grand-père lui donna des conseils sages et le réconforta. Hugo réalisa à quel point il avait manqué à son grand-père, mais il était reconnaissant d'avoir eu cette chance de le rencontrer, même si ce n'était qu'un instant.

Lorsque l'aube se leva, l'esprit de son grand-père s'estompa doucement, promettant de veiller sur lui. Hugo retourna au village, le cœur léger et empli de gratitude envers la Sorcière d'Halloween.

Il partagea son expérience avec les habitants du village, inspirant d'autres à suivre le même chemin pour réaliser leurs souhaits les plus profonds. La légende de la Sorcière d'Halloween continua de grandir, et chaque année, de nouveaux aventuriers se rendaient dans la forêt sombre pour rencontrer la sorcière et exaucer leurs vœux.

La Sorcière d'Halloween était devenue une gardienne des souhaits, une légende vivante qui rappelait à tous que les rêves pouvaient devenir réalité, même les nuits d'Halloween.

Fin.

The Secret of the Halloween Witch

Once upon a time, in a picturesque little village called Willowbreeze, there was an old Halloween legend that had captured the imagination of its residents for generations. It was the story of the Halloween Witch, a mysterious enchantress who, according to the legends, appeared every October 31st to grant the deepest wishes.

The Halloween Witch was an enigmatic figure. It was said that she resided in an enchanted cabin hidden deep within the dark forest that surrounded the village. To have the chance to meet the witch, one had to follow a series of specific rituals and prove their bravery by traversing the haunted forest.

This year, a young boy named Hugo was determined to meet the Halloween Witch. Since his early childhood, he had heard captivating stories told by the village elders. His dearest wish was to reunite with his late grandfather, a man he had barely known but had heard glowing tales about.

Hugo spent months preparing for this. He studied the rituals, incantations, and spells necessary to summon the Halloween Witch. He practiced walking through the dark forest, confronting his fears and anxieties. He gathered special offerings for the witch, including rare berries and magical herbs.

On Halloween night, as the moon hung high in the sky and stars sparkled like diamonds, Hugo set off for the dark forest.

The trees seemed to come alive, their twisted, gnarled branches casting eerie shadows. He ventured courageously into the forest, striving to follow the rituals he had learned.

After hours of walking, he finally reached the enchanted cabin of the Halloween Witch. The cabin was surrounded by twisted trees and thick brambles. Hugo knocked on the door with a pounding heart.

The door creaked open slowly, revealing a dark and smoky room lit by flickering candles. At the far end of the room, a mysterious figure sat in front of a bubbling cauldron.

The Halloween Witch was an old woman, dressed in rags and wearing a pointed hat. Her eyes shone with a mysterious glint, and she smiled at Hugo, revealing crooked teeth.

"I know why you've come, young man," the witch said in a creaking voice. "You wish to reunite with your grandfather, don't you?"

Hugo nodded with determination. "Yes, that's my dearest wish. I want to know my grandfather, hear his stories, and talk to him."

The witch nodded and asked Hugo to tell her the stories his grandfather had told him. Hugo spoke passionately about his grandfather's tales, his adventures, his laughter, and his wise words.

The witch seemed to slip into a deep trance, muttering mysterious incantations. Suddenly, the cauldron in front of her began to bubble, emitting a brilliant light.

"Your wish shall be granted," declared the witch. "I will help you meet your grandfather's spirit, but you must show courage and determination."

She handed Hugo a small vial containing a special potion. "This will help you connect with your grandfather's spirit. Drink this potion and follow my instructions carefully."

Hugo thanked the witch and left the enchanted cabin. The dark forest seemed even more ominous now, but Hugo was no longer afraid. He was determined to meet his grandfather's spirit.

He followed the witch's instructions, drinking the potion and reciting special incantations. Suddenly, the air filled with whispers and rustlings. His grandfather's spirit appeared before him, dressed in clothing from another era.

They spoke at length, sharing memories and stories. His grandfather's spirit gave him wise advice and comfort. Hugo realized how much he had missed his grandfather, but he was grateful for the chance to meet him, even if it was only for a moment.

As dawn broke, his grandfather's spirit slowly faded, promising to watch over him. Hugo returned to the village with a light heart, filled with gratitude towards the Halloween Witch.

He shared his experience with the village residents, inspiring others to follow the same path to fulfill their deepest wishes. The legend of the Halloween Witch continued to grow, and every year, new adventurers ventured into the dark forest to meet the witch and have their wishes granted.

The Halloween Witch had become a guardian of wishes, a living legend that reminded everyone that dreams could come true, even on Halloween nights.

The End.